THIS BOOK BELONGS TO:

CONTENTS

😇 TIC TAC TOE

😇 TIC TAC LOGIC

😇 FOUR IN A ROW

😇 HANGMAN

😇 MAZE

😇 WORD PUZZLE

SOLUTIONS

 **TIC TAC LOGIC**
28-37

 **MAZE**
86-95

TIC TAC TOE

HOW TO PLAY

The game is played on a grid
that's 9 squares

- You are X, the other player is O.
- Players take turns putting their
marks in empty squares.
- The first player to get 3 of her
marks in a row (up, down, across,
or diagonally) is the winner.
- When all 9 squares are full, the
game is over.

TIC TAC LOGIC

HOW TO PLAY

Tic-Tac-Logic is a single player puzzle based on tic-tac-toe.
Each puzzle consists of a grid containing X's and O's in various places.

The object is to place X or O in the remaining squares so that
1. there are no more than two consecutive X's or O's in a row or column;
2. the number of X's is the same as the number of O's in each row and column; and
3. all rows and all columns are unique.

GRID - 1

X		X	O		
	X	X			O
	O		X		
X			X	O	
	X	X		O	X
O		O	X		

GRID - 2

X	O		O		X
	X			O	
O		X			
	O	X		X	X
	O		X		X
O		O		X	

GRID - 3

O			O		X
	X		X	X	
X	O				X
		O	O		
		X		O	O
X	X			O	

GRID - 4

O	X			X	O
	X		X		X
				O	
X		O	O		O
	O			O	
X		X	O		O

GRID - 5

		X	O		
X	X		X		O
				X	X
	X	O		X	
		X	X		O
O			X		O

GRID - 6

X	O		X		X
X		O		O	
		X			X
O	O		X	O	
			O		O
O	X			X	

GRID - 7

	O		X		O
O		O		O	X
	X	X			
X				X	O
	O		X		
O		X		O	

GRID - 8

X			X	X	
	O	X			X
X			X	O	
	O			X	O
O		X			
	X		X	O	

GRID - 9

	X			X	O
O			O		
		X	X		O
X	X			O	
		X	O		X
O		X		O	

	X		O		O
O			O	O	
	O	O			X
X			X		
		X		X	O
O	O			O	X

GRID - 1 (Solution)

X	O	X	O	O	X
O	X	X	O	X	O
X	O	O	X	X	O
X	O	O	X	O	X
O	X	X	O	O	X
O	X	O	X	X	O

GRID - 2 (Solution)

X	O	X	O	O	X
X	X	O	X	O	O
O	X	X	O	X	O
O	O	X	O	X	X
X	O	O	X	O	X
O	X	O	X	X	O

GRID - 3 (Solution)

O	O	X	O	X	X
O	X	O	X	X	O
X	O	X	O	O	X
O	X	O	O	X	X
X	O	X	X	O	O
X	X	O	X	O	O

GRID - 4 (Solution)

O	X	O	X	X	O
O	X	O	X	O	X
X	O	X	O	O	X
X	X	O	O	X	O
O	O	X	X	O	X
X	O	X	O	X	O

GRID - 5 (Solution)

X	O	X	O	O	X
X	X	O	X	O	O
O	O	X	O	X	X
O	X	O	O	X	X
X	O	X	X	O	O
O	X	O	X	X	O

GRID - 6 (Solution)

X	O	O	X	O	X
X	X	O	X	O	O
O	O	X	O	X	X
O	O	X	X	O	X
X	X	O	O	X	O
O	X	X	O	X	O

GRID - 7 (Solution)

X	O	O	X	X	O
O	X	O	X	O	X
O	X	X	O	X	O
X	O	X	O	X	O
X	O	O	X	O	X
O	X	X	O	O	X

GRID - 8 (Solution)

X	O	O	X	X	O
O	O	X	O	X	X
X	X	O	X	O	O
X	O	X	O	X	O
O	X	X	O	O	X
O	X	O	X	O	X

GRID - 9 (Solution)

X	X	O	O	X	O
O	X	O	O	X	X
X	O	X	X	O	O
X	X	O	X	O	O
O	O	X	O	X	X
O	O	X	X	O	X

GRID - 10 (Solution)

X	X	O	O	X	O
O	X	X	O	O	X
X	O	O	X	O	X
X	O	O	X	X	O
O	X	X	O	X	O
O	O	X	X	O	X

FOUR IN A ROW

HOW TO PLAY

The game is a two-player game, in which the players choose a color pen or pencil and then take turns 'dropping' colored discs by highlighting a circle on the game.

The two players alternate turns dropping one of their discs at a time into a column, until one of the player achieves a column, row or diagonal four in a row, and wins the game.

HANGMAN

HOW TO PLAY

The game is typically played between two people.

- One person, the 'host' chooses a word and marks the length of the word on the grid.
- The other player has to guess the letters in this word/phrase before all the parts of the hangman are drawn,
- If the player guesses correctly the letter is marked in the correct place, if the player guesses incorrectly the host draws another part of the hangman,
- The game continues until:
   - the word/phrase is guessed (all letters are revealed) in this case the second person has won
   - all the parts of the hangman are displayed in which case the second person has lost.

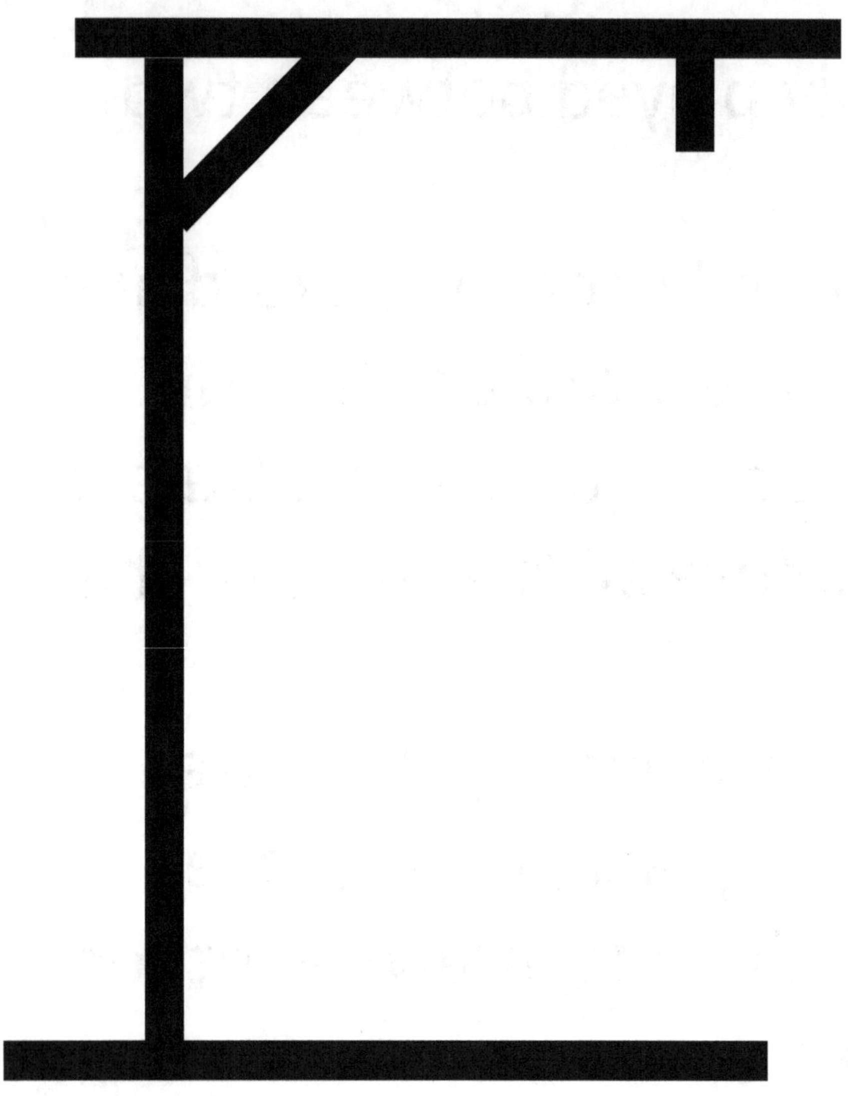

Word: __________________________

A B C D E F G H I J K L M N O P Q R S T U V W X Y Z

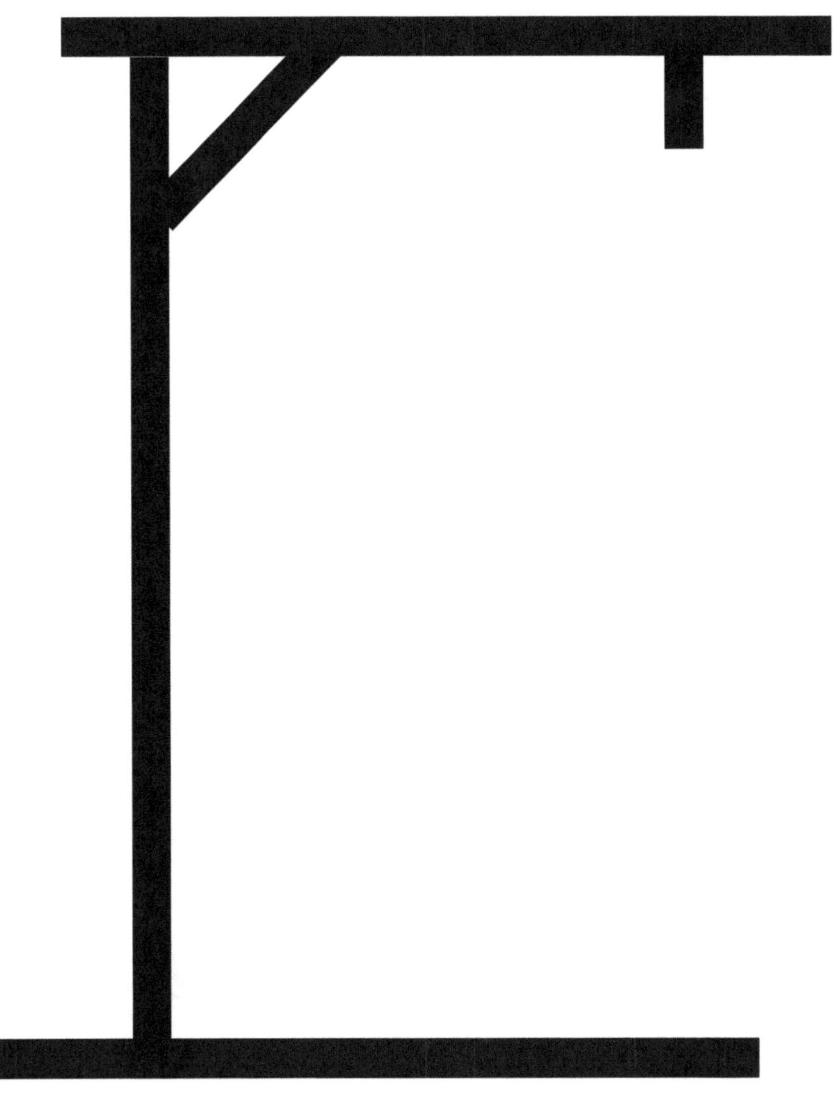

Word: _______________________

A B C D E F G H I J K L M N O P Q R S T U V W X Y Z

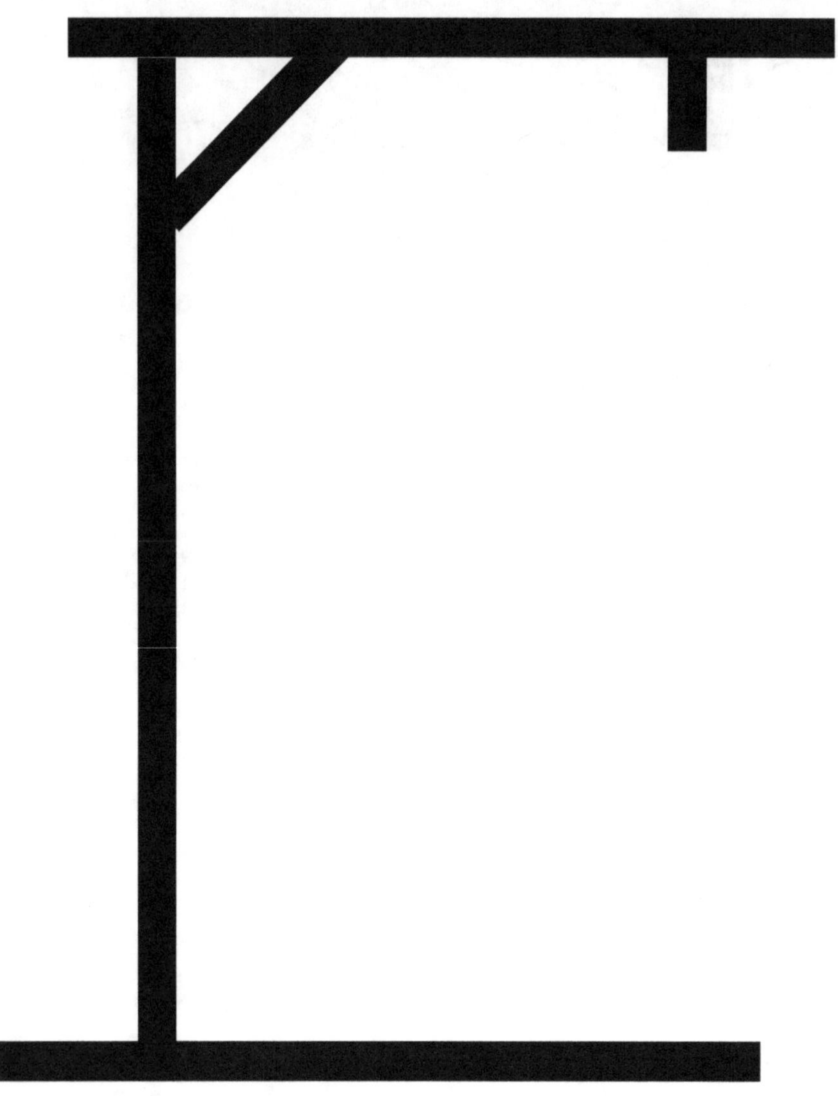

Word: ___________________________

A B C D E F G H I J K L M N O P Q R S T U V W X Y Z

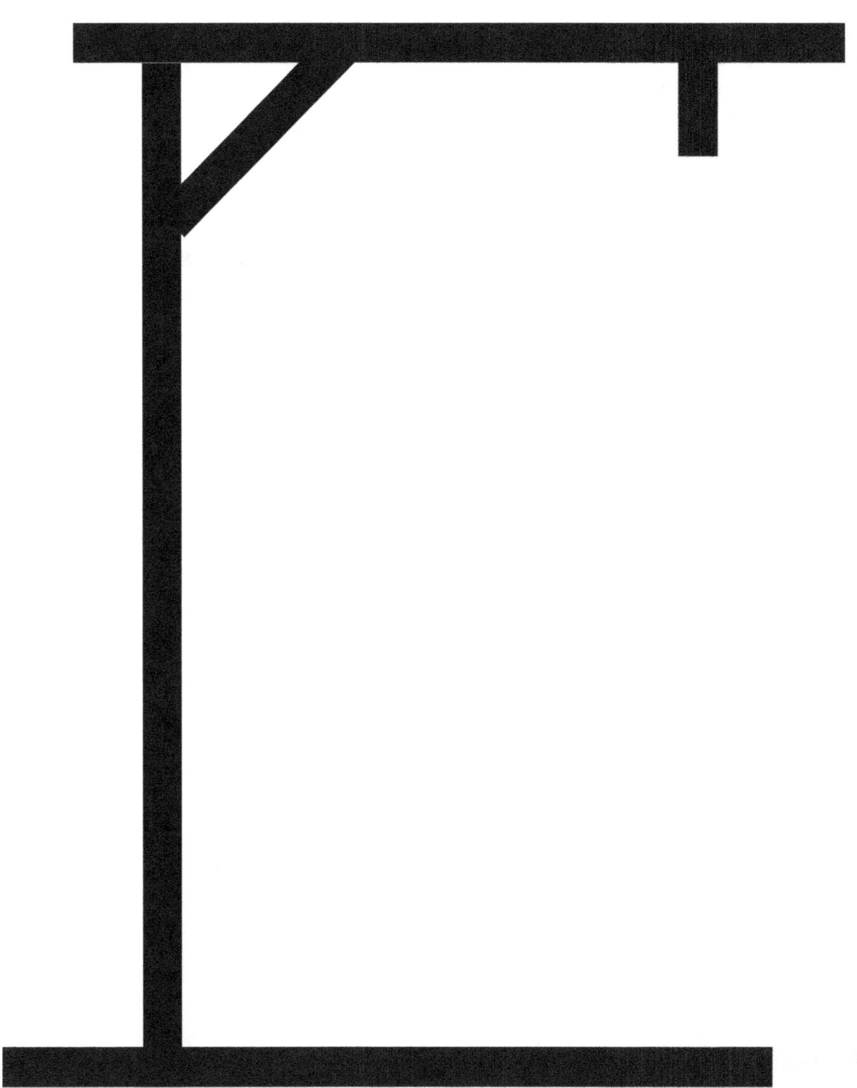

Word: __________________

A B C D E F G H I J K L M N O P Q R S T U V W X Y Z

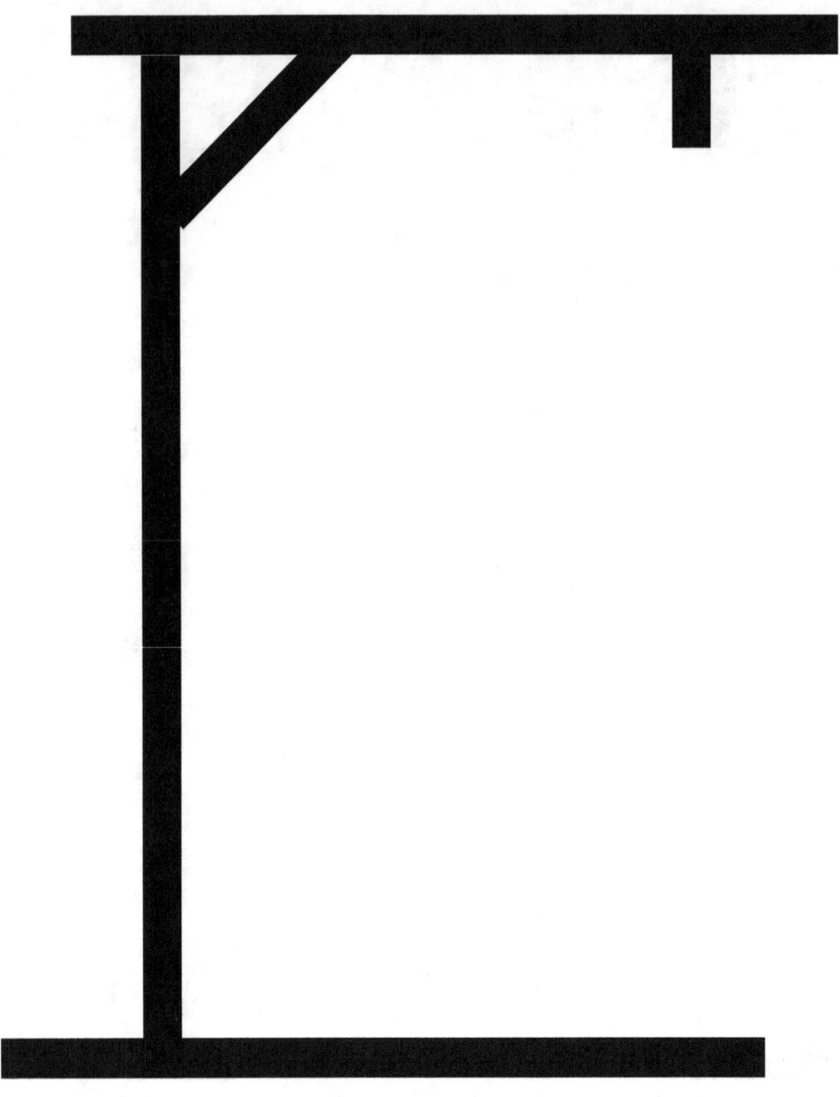

Word: _______________________

A B C D E F G H I J K L M N O P Q R S T U V W X Y Z

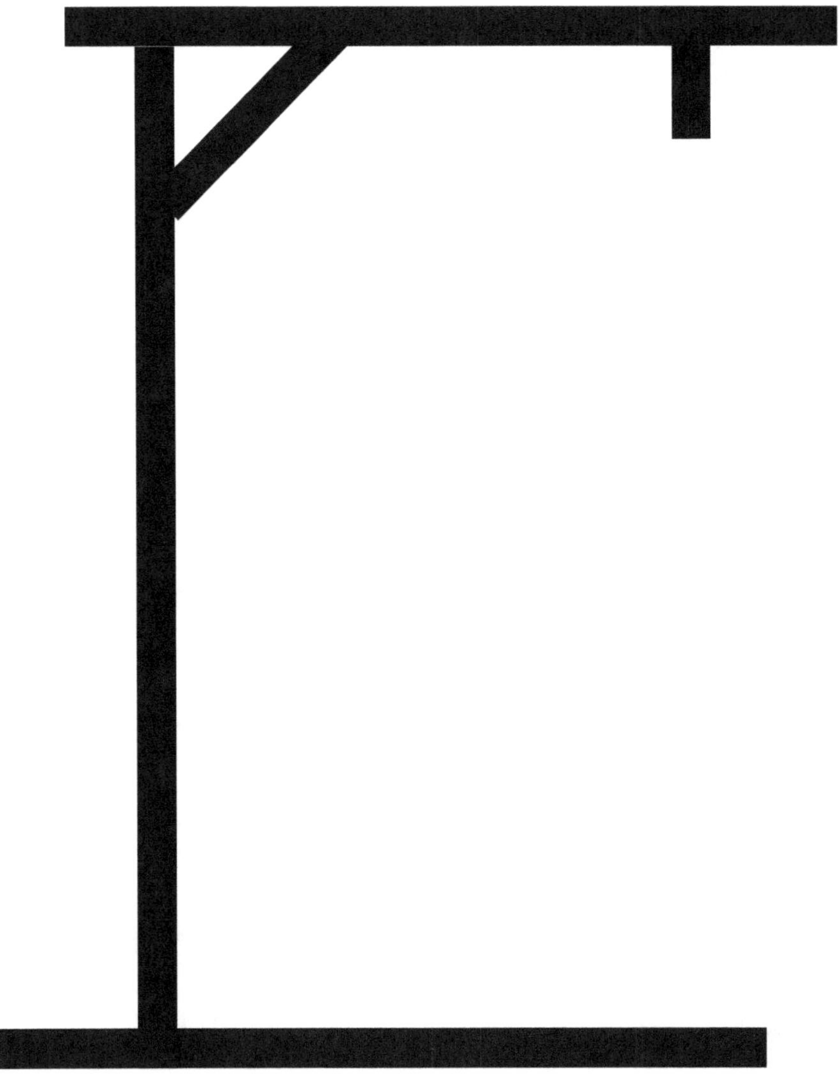

Word: ________________________

A B C D E F G H I J K L M N O P Q R S T U V W X Y Z

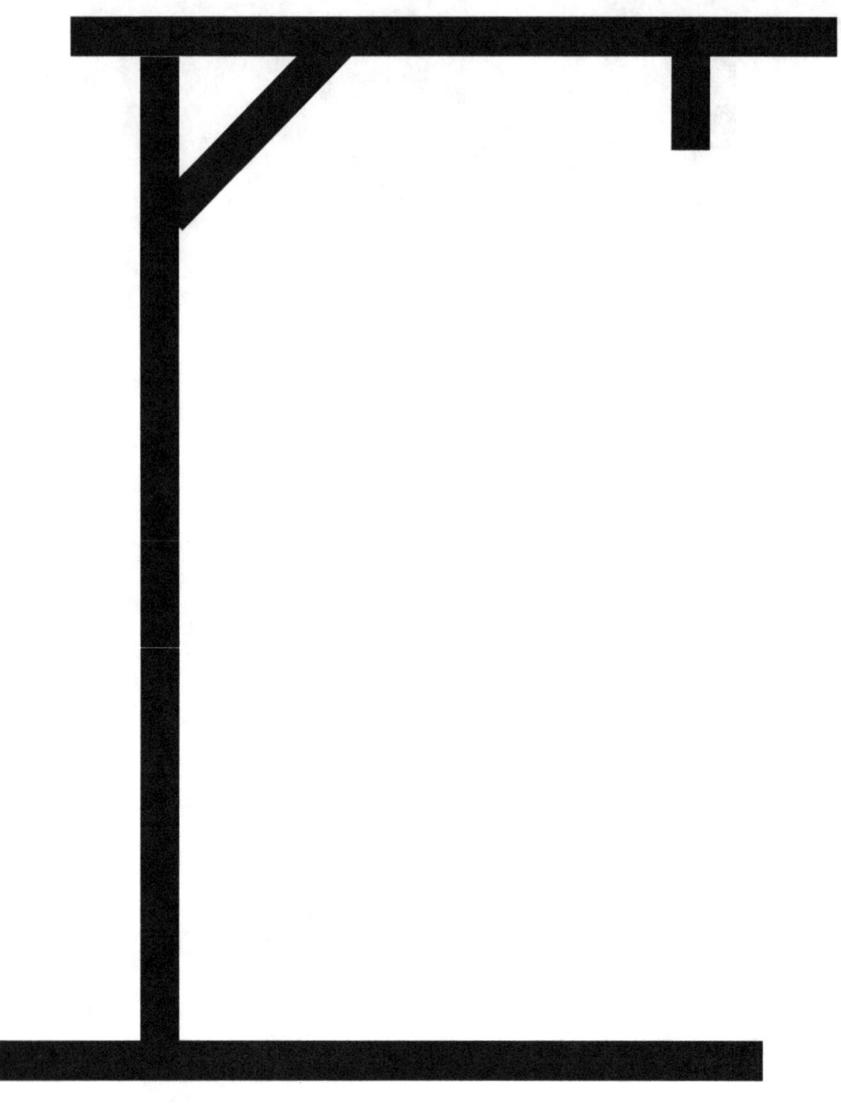

Word: ________________________

A B C D E F G H I J K L M N O P Q R S T U V W X Y Z

Word: ________________________

A B C D E F G H I J K L M N O P Q R S T U V W X Y Z

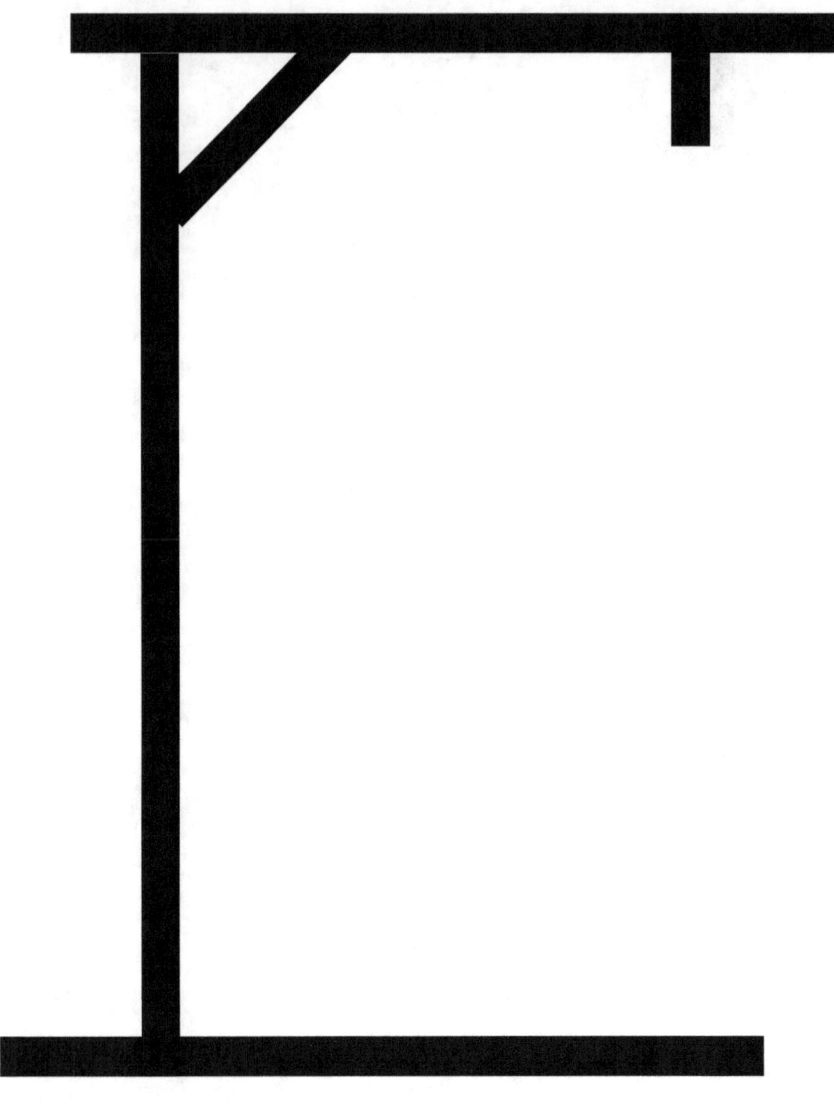

Word: ______________________________

A B C D E F G H I J K L M N O P Q R S T U V W X Y Z

ord: _______________________

ABCDEFGHIJKLMNOPQRSTUVWXYZ

MAZE

WORD PUZZLE

HOW TO PLAY

The aim is to find as many words as you can in the grid within 4 minutes,
whilst adhering to the following rules:

- The letters must be adjoining in a 'chain'. (Letters in the chain may be
adjacent horizontally, vertically, or diagonally).
- Each word must contain at least three letters.
- No letter 'box' may be used more than once within a single word.

SCORING

The scoring is as follow

Fewer than 3 Letters: no score
- 3 Letters: 1 point
- 4 Letters: 1 point
- 5 Letters: 2 points
- 6 Letters: 3 points
- 7 Letters: 4 points
- 8 or More Letters: 11 points

RULES

- You can mark down the singular and plural forms of a noun e.g. dog &
dogs,
- You may only write a word down once even if you can form it with
different letter 'boxes',
- Any word that is found in the Dictionary is allowed,
- You can mark down words within other words e.g. with angled you could
also have led and angle.

E	U	Z	W
I	O	Q	Y
F	R	A	C
S	P	T	J

<table>
<tr><td>L</td><td>E</td><td>P</td><td>Y</td></tr>
<tr><td>D</td><td>U</td><td>O</td><td>I</td></tr>
<tr><td>T</td><td>A</td><td>U</td><td>S</td></tr>
<tr><td>H</td><td>C</td><td>M</td><td>Q</td></tr>
</table>

__________________ __________________

__________________ __________________

__________________ __________________

__________________ __________________

C	U	O	W
E	Z	I	P
B	K	H	E
A	G	F	Y

B	M	U	N
S	G	O	E
Y	Y	I	R
F	T	A	D

____

____

____

____

K	I	D	F
E	B	S	Z
A	H	J	O
N	U	P	Y

D	E	F	I
B	L	T	H
O	Y	N	U
Q	E	V	A

______________   ______________   ______________

______________   ______________   ______________

______________   ______________   ______________

______________   ______________   ______________

P	G	E	Z
I	Y	V	O
Q	I	K	U
A	H	T	S

R	S	U	O
Z	E	V	A
H	N	Y	C
J	X	L	I

J	T	B	U
Y	F	L	I
V	N	E	O
W	M	A	U

D	U	C	X
A	P	J	Z
I	M	Y	O
Q	V	K	E

_______________________ _______________________ _______________________

_______________________ _______________________ _______________________

_______________________ _______________________ _______________________

_______________________ _______________________ _______________________

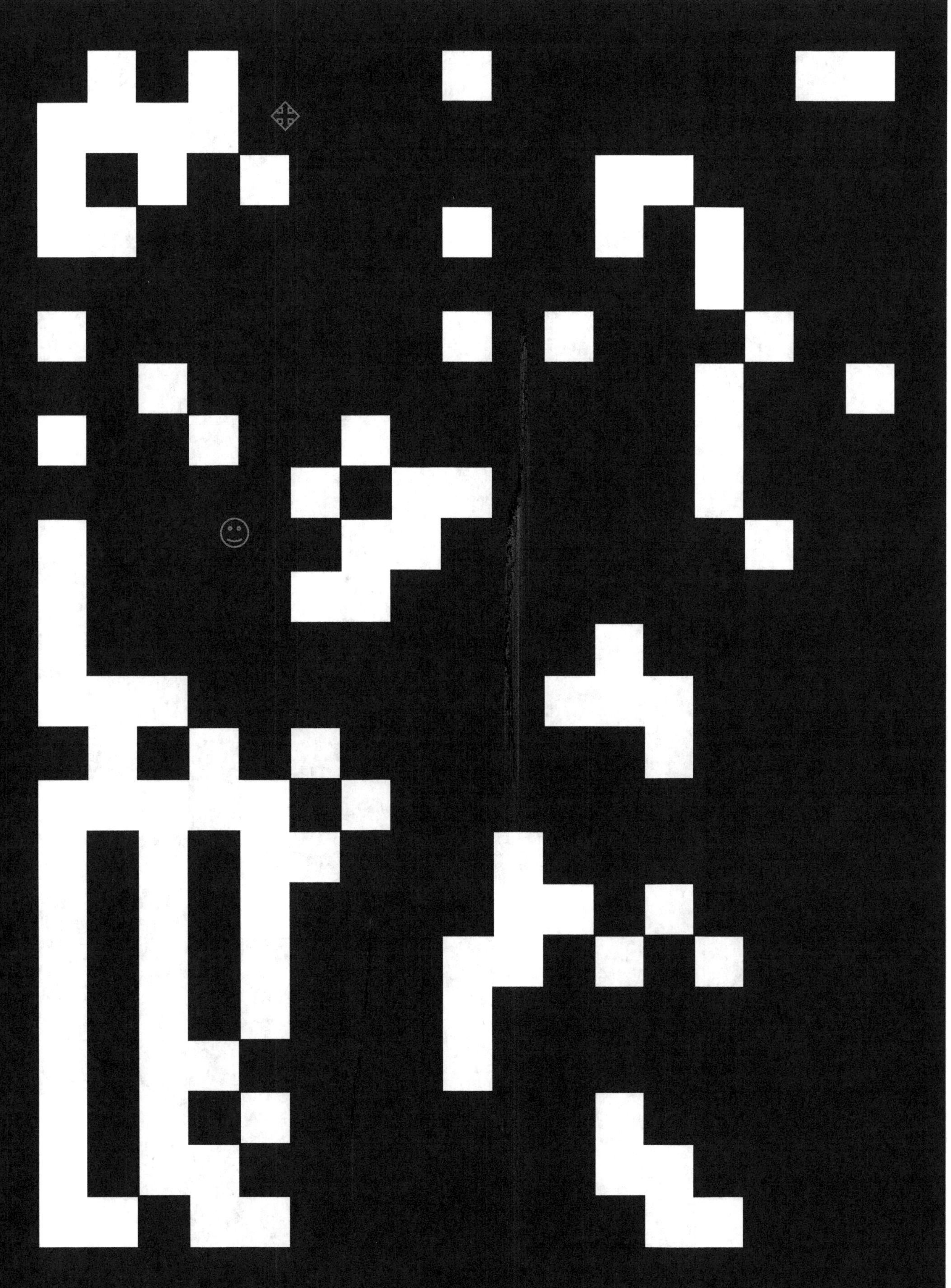